Le mie prime 750 parole

Illustrato da Ioan Alex

Teora

Indice

I NUMERI

1 uno

2 due

3 tre

4 quattro

5 cinque

6 sei

7 sette

8 otto

9 nove

10 dieci

I COLORI

azzurro

verde

giallo

rosso

4

verde

rosso

giallo

azzurro

arancione

nero

marrone

viola

pittore

pennello

rosa

matita

pittura

tavolozza

cavalletto

vernice

pennarello

Quando coloriamo usiamo:

acquerelli

vernici

matite colorate

pennelli

LA PRIMAVERA

Splendono gli arcobaleni.

Gli alberi sono in fiore.

La neve si scioglie.

Gli uccelli migratori tornano.

L'ESTATE

Mangiamo il gelato.

Splende il sole.

Andiamo in vacanza.

L'AUTUNNO

Gli uccelli migratori vanno via.

Le foglie ingialliscono.

Cade la pioggia.

Comincia la scuola.

L'INVERNO

Ho bisogno dei guanti.

Ho bisogno della sciarpa.

Ho bisogno del berretto.

Cade la neve.

LA MIA FAMIGLIA

La mamma cucina.

Il papà va in ufficio.

La nonna legge delle favole.

nonno

nonna

madre

padre

zia
(lei è la moglie
di mio zio
e la madre dei
miei cugini)

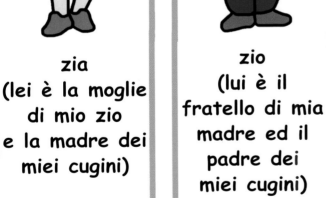

zio
(lui è il
fratello di mia
madre ed il
padre dei
miei cugini)

sorella

fratello

cugina
(lei è la figlia
di mio zio e di
mia zia)

cugino
(lui è il figlio
di mio zio e di
mia zia)

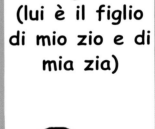

Altri membri della mia famiglia sono:

padrino

madrina

figlioccio

cognata

cognato

11

LA CASA

Lui apre la porta.

Lui aspira.

Lui esce.

Lei entra.

interruttore

piastrella

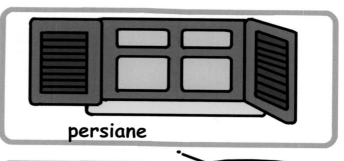
persiane

camera da letto

lampadario

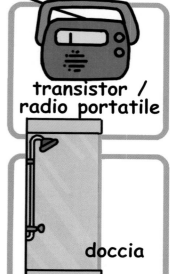
transistor /
radio portatile

chiave
chiavistello

presa

tegole

doccia

televisore

vaso

soggiorno

biblioteca

antenna

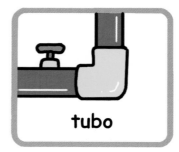
tubo

telefono

Una casa ha:

finestra

porta

camino

scala

IL SOGGIORNO

Accendiamo la tivú.

Leggiamo.

La mamma serve la frutta.

Riposiamo.

poltrona

scacchi

orologio a pendolo

telecomando

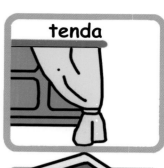
tenda

tavolino per il caffè

riviste

condizionatore

audiocassetta

quadro

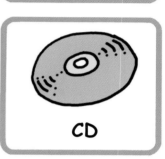
CD

vaso da fiori

lampadina

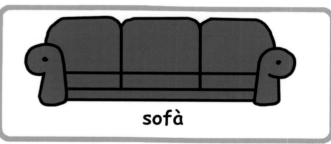
sofà

stereo (radio e mangianastri)

foto

gomitolo

Nel soggiorno possiamo vedere:

il gatto

il pianoforte

il tappeto

l'orologio

LA CAMERA DA LETTO

Dormiamo.

Giochiamo.

Facciamo pulizia.

Leggiamo delle favole.

 acquerelli

 palloncino

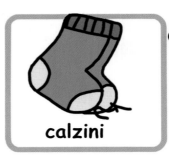 calzini

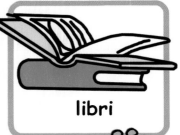 libri

 lampada

 orologio a sveglia

 radio

 giraffa

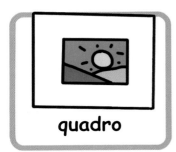 quadro

 pigiama

 orsetto

 armadio

 guanciale

 palline

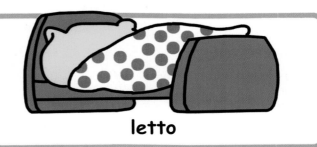 letto

 pantofole

 pattini a rotelle

 pallottoliere

 lavagna

Nella scatola dei giocattoli troviamo:

 il battello

 il gioco

 l'aereo

 il pallone

LA CUCINA

Mangiamo.

Beviamo.

La mamma cucina.

mestolo

pattumiera

frullatore

tovaglioli

detersivo liquido

cucchiaio

coltello

piatto

forchetta

portauovo

barattolo

padella

bricco

sale   pepe

cannuccia

tazza

teiera

scopa

tavolo   sedia

cappa

pentola

In cucina, mia madre usa:

il macinacaffè

il frigorifero

il fornello a gas

il forno a microonde

IL BAGNO

Pettiniamo i nostri capelli.

Ci spazzoliamo i denti.

Facciamo un bagno.

20

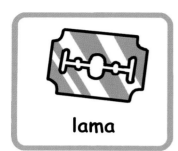

lama

dentifricio

lavandino

profumo

deodorante

sapone

pettine

pennello da barba

asciugamani

spazzolino
da denti

water

accappatoio

paperino
di gomma

armadietto dei
medicinali

trucchi

rasoio

asciugacapelli

carta igienica

rubinetti

schiuma
da barba

In bagno usiamo:

la
lavatrice

la spugna

lo specchio

la doccia

L'AUTORIMESSA

Lui avvita.

Stringe la vite.

Vernicia.

Lava la macchina.

lampada

trapano

nastro adesivo

chiave

cazzuola

cacciavite

chiodi

bidone della spazzatura

scopa

madrevite

torcia elettrica

bottiglia

gomma

lima

secchio di vernice

pennello

tenaglie

vite

bidone dell'olio

tubo di colla

sega

Nell'autorimessa, mio padre usa:

la pinza

il metro

il martello

la lampada

23

IL GIARDINO

Lui vanga.

Pianta i fiori.

Annaffia i fiori.

ragnatela

albero

aquilone

lombrico

funghi

uccello

coccinella

nido

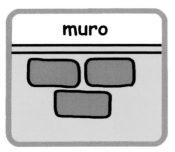

muro

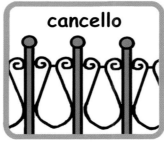

cancello

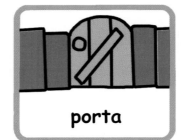

porta

petali

formiche

ape

corona dell'albero

chiocciola

amaca

ramo

tronco dell'albero

farfalla

Che fiori coltiviamo nel giardino?

La rosa

La viola del pensiero

Il tulipano

Il narciso

LA CITTÀ

autocarro

motorino

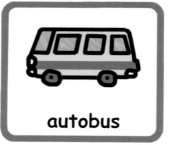

autobus

automobile

statua

cisterna

stazione
di taxi

semaforo

telefono
pubblico

parchimetro

illuminazione
pubblica

segnale stradale

cestino
dell'immondizia

vigile stradale

scala mobile

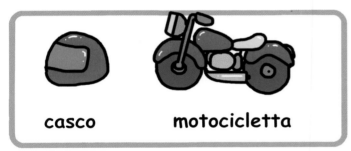

casco   motocicletta

ringhiera

passaggio pedonale

auto
della polizia

pedone

Vediamo le insegne del:

IL PARCO

Pattiniamo.

Facciamo una passeggiata.

Corriamo.

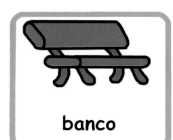

banco

fiori

carrozzina

ghiande

skateboard

gelato

gioco
della campana

cestino
dei rifiuti

forbici
da giardiniere

altalena

scoiattolo

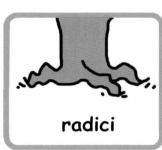

radici

tagliaerba

grillo

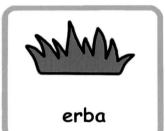

erba

tobòga

cespugli

foglia

sabbia

fontana

Come giochiamo nel parco?

Dondoliamo
in altalena.

Saltiamo la corda.

Guidiamo il kart.

Corriamo in
bicicletta.

IL SUPERMERCATO

Si pesa la merce.

Si avvolge la merce.

Si paga.

Si compra.

caffè

barattolo di marmellata

peperone

sacchetto di plastica

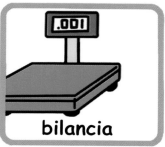
bilancia

formaggio

prosciutto

panino imbottito

burro

farina

pasta

mostarda

schiuma da barba

detersivo per il bucato

latte

salame

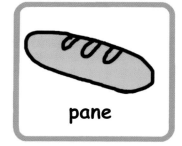
pane

cioccolato

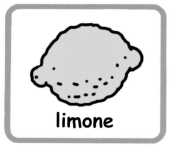
limone

coltello

Cosa altro possiamo comprare al supermercato?

Olio

Il succo d'arancia

La carne

Caramelle

IL MERCATO

Pesiamo la merce sulla bilancia.

Compriamo la frutta.

Compriamo la verdura.

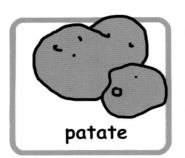
patate

aglio

ravanello

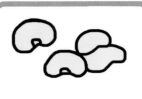
fagioli

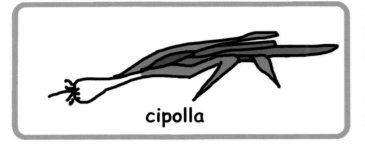
cipolla

cavolfiore

carota

pomodoro

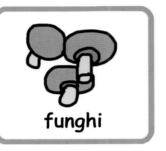
funghi

prezzemolo

zucca

barbabietola

ravanelli

peperone

fagioli verdi

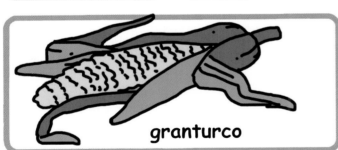
granturco

lattuga

melanzana

Al mercato possiamo trovare:

i broccoli

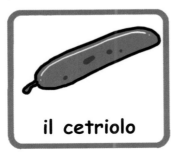
il cetriolo

il cavolo

la zucchina

L'OSPEDALE

Il medico opera.

Lui fascia la ferita.

Consulta il paziente.

Disinfetta un taglio.

medicine

termometro

stetoscopio

bisturi

paziente

sciroppo

infermiera

cotone idrofilo

medico

ingessatura

benda

scheda medica

sala operatoria

sangue

guanti sterili

radiografia

siringa

I pazienti vengono portati con:

l'ambulanza

la barella

la sedia a rotelle

L'AEROPORTO

L'aereo decolla.

L'aereo atterra.

controllo

brochure

elica

allarme

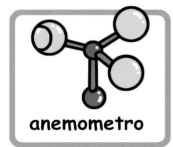

anemometro

metal detector

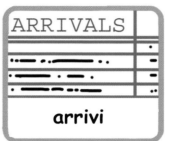

arrivi

bandiera per
la segnalazione

torre
di controllo

hostess

radar

carrello
portabagagli

biglietto
d'aereo

bagaglio

turista

pilota

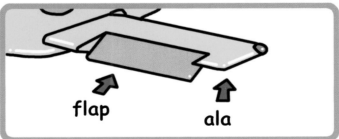

flap

ala

cartoline

All'aeroporto possiamo vedere:

l'elicottero

l'aereo
ad elica

l'aereo
a reazione

l'hangar

LA STAZIONE FERROVIARIA

I treni arrivano.

I treni partono.

vagone merci

controllore

biglietteria

respingente

valigia

portabagagli

vagone cisterna

impiegato
delle ferrovie

zaino

passeggero

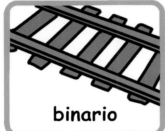
binario

carrello
portabagagli

locomotiva

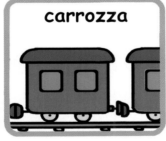
carrozza

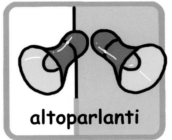
altoparlanti

giornali
e le riviste

3	4005
4	
5	3000

orario delle
partenze

telefono
pubblico

sala
d'attesa

39

LA PASQUA

coniglio

pulcini

uovo di
cioccolato

Andiamo
in chiesa.

40

IL NATALE

Babbo Natale arriva.

Riceviamo dei regali.

IL CIRCO

Ridiamo.

Applaudiamo.

Mangiamo dei popcorn.

Beviamo delle bibite.

leone

cerchietto

trapezio

biglietto
d'ingresso

frusta

foca addestrata

vestitino

bacchetta
magica

patatine

palco

stelle

acrobata

microfono

serpente

cavalo
domestico

mago

riflettore

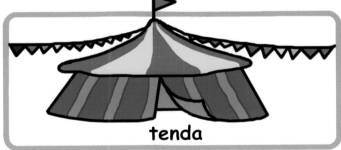

tenda

Al circo puoi vedere:

l'artista
del circo

l'elefante
addestrato

il pagliaccio

il trapezista

43

LO ZOO

Guardiamo
gli uccelli.

Vediamo
gli animali.

Non nutrire
gli animali!

Facciamo delle
fotografie.

coccodrillo

gufo

pappagallo

cammello

serpente

ippopotamo

pellicano

canguro

orso polare

scoiattolo

elefante

rinoceronte

rana

struzzo

zebra

pinguino

orso

lepre

cervo

Allo zoo possiamo vedere:

le penne

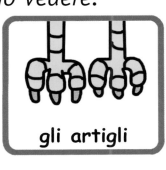

gli artigli

le zanne

la scimmia

LA SPIAGGIA

Prendiamo la tintarella.

Nuotiamo.

Giochiamo con la sabbia.

Andiamo a pesca.

materassino
da mare

ombrellone

cappello
da sole

windsurf

lozione
abbronzante

sedia a sdraio

salvagente

barca a vela

occhiali da sole

castello
di sabbia

pinne

sole

canna
da pesca

canotto

nave

faro

zoccoli
da spiaggia

boa

maschera da
immersioni

giocattoli da
spiaggia

In mare possiamo trovare:

il delfino

la stella
di mare

la medusa

la conchiglia

47

IL PORTO

Lui rimorca.

Lui scarica la merce.

La nave ancora.

remi

hovercraft

marinaio

barca

oblò

bandiera

autocarro

faro

ancora

sirena

vela

capitano

prua

nave

ponte

poppa

pipa

fumo

timone

Nel porto possiamo vedere:

la nave
da pesca

il cargo

lo yacht

49

LA MONTAGNA

Gridiamo.

Ci arrampichiamo.

Ammiriamo la natura.

Sciamo.

canestro

cartello indicatore

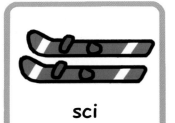

sci

vetta

zaino

nido

baita

thermos

corda

abete

tenda

falco

funivia

insetti

fuoco

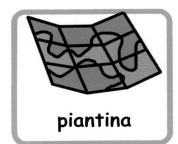

piantina

panorama

saliamo

scendiamo

In montagna utilizziamo:

il binocolo

la torcia elettrica

gli scarponi

la bussola

L'AULA

$$1+3=4$$
$$4-2=$$

Scriviamo.

Contiamo.

Studiamo.

Disegnamo.

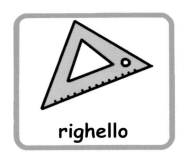
righello

pennelli

atlante

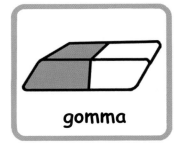
gomma

temperamatite

vernici

matite

penna

lavagna

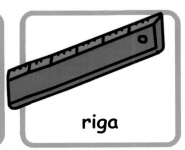
riga

zainetto

matite colorate

libro da disegno

plastilina

libro

cattedra

banco di scuola

puntine
da disegno

compasso

A scuola studiamo:

la geografia

la chimica

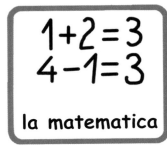
la matematica

la grammatica

LA PALESTRA

Attacchiamo.

Dribbliamo.

Sudiamo.

Ci alleniamo.

allenatore

pallavolo

calcio

pallacanestro

spogliatoio

canestro

arbitro

fischietto

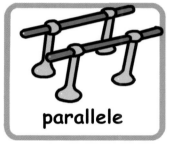

parallele

materasso

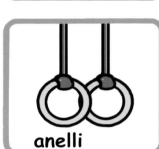

anelli

pesi

porta

stadio

panchina

coppa

cronometro

guanti da boxe

In palestra possiamo praticare:

il tennis da tavolo

la ginnastica

il calcio

la pallavolo

L'UFFICIO

Si fanno delle fotocopie.

Si scrivono dei documenti e delle lettere.

Si timbra.

Si parla al telefono.

 evidenziatore

 sedia

 firma

 pinzatrice

 tagliacarte

 raccoglitore

 cestino

 schedario

 ricevitore

 agenda

 cellulare

 graffetta

 portapenne

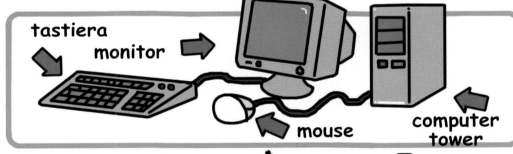 tastiera monitor mouse computer tower

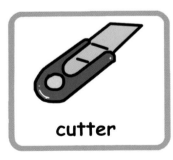 cutter

 grafico

 calendario

 timbri

In ufficio usiamo:

 il fax

 la carta

 la fotocopiatrice

 lo scanner

LA FATTORIA

Lui vanga.

Rastrella.

Semina.

Munge la mucca.

58

rastrello

gallo

gallina ed il pulcino

fattore

gatto

scala

alberi da frutta

cavallo

mucca

vitello

pala

capra

ortaggi

maiale

carriola

annaffiatoio

cane

trattore

Quali animali vivono in una fattoria?

L'oca

La pecora

L'anatra

Gli anatroccoli

LA FRUTTA

Il contadino spruzza gli alberi.

Raccoglie la frutta.

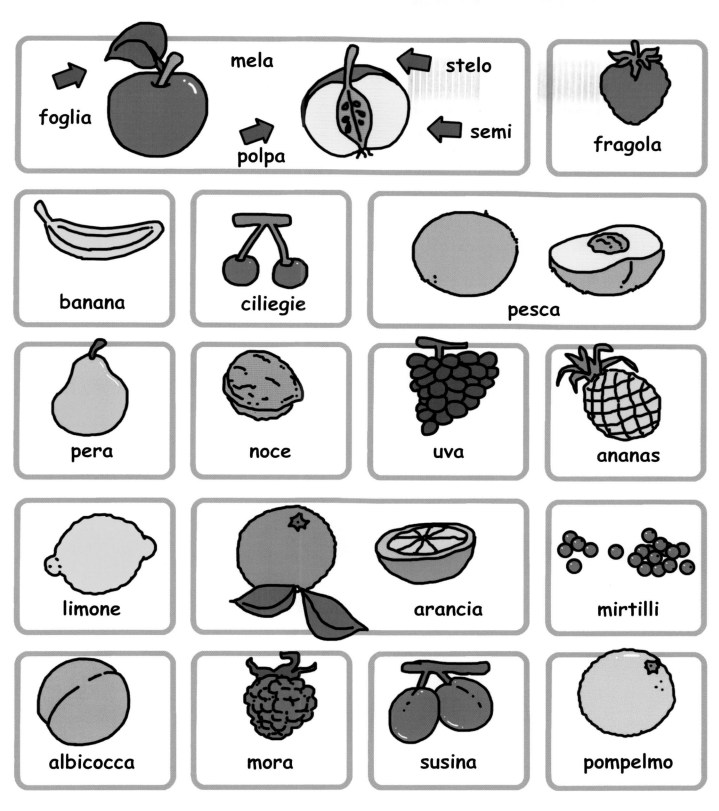

foglia

mela

stelo

semi

polpa

fragola

banana

ciliegie

pesca

pera

noce

uva

ananas

limone

arancia

mirtilli

albicocca

mora

susina

pompelmo

Quale frutto ti piace di più?

Il kiwi

Il dattero

Il melone

Il cocomero

IL PARCO DI DIVERTIMENTI

Guidiamo la macchine.

Ci divertiamo.

Dondoliamo.

Tiriamo al bersaglio.

strega

premi

missile

zucchero filato

labirinto

caramelle

palloncini

castello

fucile

drago

kart

nocciole

pirata

portafoglio

frecce

nave
dei pirati

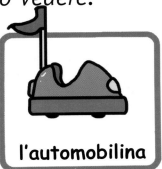

specchio
deformante

arco

Nel parco di divertimenti possiamo vedere:

la giostra

le montagne
russe

l'automobilina

il tunnel
dei fantasmi

LE MIE PRIME 750 PAROLE (MY FIRST 750 WORDS)
© 2006 Teora USA, LLC
2 Wisconsin Circle, Suite 870,
Chevy Chase, MD 20815 USA
e-mail: office@teora.com

ISBN 1- 59496-056-9
069
Printed in Slovakia
10 9 8 7 6 5 4 3 2 1